Brigitte Meyer

Peddigrohrflechten für Einsteiger

D1704842

AUGUSTUS

Inhalt

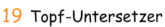

Was ist Peddigrohr?

Peddigrohr und Rattan gewinnt man von der gleichen Pflanze. Es sind die Ranken der Rotanpalme. Diese wächst in den Urwäldern tropischer Länder. In einigen Ländern wird sie auch auf Plantagen angebaut.

Aus einem Wurzelstock entwickeln sich mehrere Triebe der Kletterpflanze. Nach etwa sechs Jahren hat sie ihre maximale Höhe von 60 bis 100 Metern erreicht und kann geerntet werden. Aus der Wurzel wachsen für jede abgeschnittene Liane mehrere neue nach.

Das Rohmaterial wird nach dem Ernten geschält und geglättet. Peddigrohr gibt es in den Stärken von 1 mm bis 10 mm. Dickere Ranken werden als Rattan bezeichnet.

3

Material und Hilfsmittel

Werkzeug

Zum Zuschneiden von Staken und Fäden verwenden Sie am besten

Peddigrohr

Für die Modelle in diesem Buch wurde Peddigrohr der Stärke 1 (1 mm bis 1,6 mm), der Stärke 2 (1,6 mm bis 2,5 mm), der Stärke 3 (2,5 mm bis 3 mm) und der Stärke 4 (3 mm bis 3,5 mm) verarbeitet.

Das Grundgerüst, die so genannten Staken, besteht aus dickerem Rohr, das Ausflechten mit den »Fäden« wird mit etwas dünnerem Material gemacht.

eine kräftige Schere oder einen Seitenschneider

Weiterhin benötigen Sie
ein Lineal und/oder Maßband,
einen Bleistift,
ein spitzes Messer,
einen kleinen Schraubendreher
und
eine mit Wasser gefüllte Schüssel zum Einweichen der Fäden

Werden Körbe mit Holzboden herge-
stellt, benötigen Sie außerdem

ine Laubsäge zum Aussägen des Sperr-
holzes
nd
ine Bohrmaschine mit Spiralbohrer zum
Bohren der Bodenöffnungen

Hilfsmittel

Mit einem Brett oder einer Korkplatte
und einem großen Nagel kann man
sich eine einfache Haltevorrichtung
für die Flechtarbeit herstellen. Damit
hat man gleichzeitig die Kontrolle da-
rüber, dass die Form sich gleichmäßig
und mit der gewünschten Neigung
entwickelt.

Grundtechnik

Rundformen mit geflochtenem Boden

Alle runden Formen mit ausgeflochte- nem Boden haben den gleichen Anfang: Aus Staken wird zunächst das Grund- gerüst für den Korb angelegt.

Die Staken bestehen immer aus stärke- rem Material als die Fäden. Sie werden meist trocken verarbeitet und nur dann eingeweicht, wenn sie sehr stark gebo- gen werden müssen.

Berechnung der Stakenlänge

Als erstes muss die Länge der Staken berechnet werden. Den Richtwert hier- für liefert folgende Formel:

1. Rechenschritt:
Durchmesser des Bodens + doppel- te Höhe der Seitenwand = ??
2. Rechenschritt:
Ergebnis des 1. Rechenschritts x 2 nehmen

Beispiel
Der Korb soll einen Boden von 15 cm Durchmesser haben, mit einer Seiten- wand von 10 cm Höhe.

1. Rechenschritt:
15 cm + (2 x 10 cm) = 35 cm
2. Rechenschritt:
35 cm x 2 = 70 cm
Für diesen Korb werden die Staken also auf etwa 70 cm Länge zugeschnitten.

Boden

Stakenkreuz
Schneiden Sie acht Staken in der be- rechneten Länge und eine weitere Stake in halber Länge zu.

Vier der acht langen Staken werden nun vorsichtig in der Mitte so geschlitzt, dass die verbleibenden vier durchge- steckt werden können. Es entsteht ein gleicharmiges Kreuz.

• Tipp •

Wer schon etwas mehr Übung hat, kann auf das Schlitzen und Durch- stecken verzichten. Dann werden jeweils vier Staken lediglich über Kreuz gelegt und festgehalten.

Der Anfang des Flechtwerks bis zum Ausflechten der einzelnen Staken (siehe Seite 11) wird bei diesen Korbformen immer auf die gleiche Weise gearbeitet. Er ist der Kern für jedes runde Flechtwerk.

Setzen Sie den Faden zwischen den Stakenbündeln so an, dass einige Zentimeter nach innen überstehen. An diesem Stück wird der Faden in den ersten Flechtrunden festgehalten. Zum Schluss schneidet man das überstehende Stück einfach ab.

Nun flechten Sie den Faden viermal zwischen den Stakenbündeln auf und ab, so dass wechselweise vier Staken über- und vier Staken unterflochten werden.

Flechtwerkbeginn

Die weitere Verarbeitung erfolgt mit dem dünneren Material, dem Faden. Dieser sollte zuvor einige Minuten in Wasser eingeweicht werden, damit er noch biegsamer und geschmeidiger wird.

Ausflechten zum Kern
Jetzt werden die Stakenbündel geteilt. Nehmen Sie jeweils zwei Staken und legen Sie den Faden in gleicher Weise wie vorher, jetzt aber um acht Stakenbündel. Auch in diesem Schritt werden vier Runden mit dem Faden ausgeflochten.

Achten Sie auf die Fadenspannung!

Den Faden nicht zu fest ziehen, damit sich das Geflecht nicht vorzeitig wölbt, aber auch nicht zu locker arbeiten, damit zwischen den Fadenrunden keine Lücken entstehen.

● Tipp ●

Beim fortschreitenden Ausflechten der Stakenbündel als Kern ist es unvermeidbar, dass zwischen den Staken Lücken entstehen. Das kann man verhindern, indem man die erste Flechtrunde wie unter »Flechtwerkbeginn« beschrieben durchführt und danach das gesamte Flechtwerk umdreht. Dann liegt die Unterseite oben und die Staken sind fixiert. Fahren Sie fort wie oben beschrieben – nur, dass die Unterseite jetzt zur Oberseite geworden ist.

Ein kleiner optischer Unterschied ergibt sich allerdings durch dieses Verfahren: Zwei Fäden kommen an der Unterseite unmittelbar neben einem der Stakenbündel zu liegen, so dass der Eindruck entsteht, als bestünde dieses aus sechs Staken (vgl. Abbildungen Seite 19, 23, 24, 31).

Messer die neue Stake anspitzen und die Flechtfäden etwas auseinander drücken, damit sie gut eingeschoben werden kann.

Anschließend flechten Sie die neun Staken jeweils einzeln und wechselweise über bzw. unter. Auf diese Weise weiterarbeiten.

Fitze (Bodenabschluss)

Die letzte Runde des Bodens muss etwas mehr Stabilität bekommen. Zu diesem Zweck arbeitet man eine so genannte Fitze.

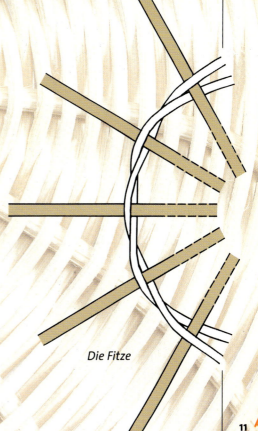

Ausflechten der einzelnen Staken

Nun muss die neunte, kürzere Stake bis zur Mitte eingeschoben werden, damit eine ungerade Stakenanzahl zustande kommt. Weist das Flechtwerk eine Stelle auf, an der der Abstand zwischen den bereits verarbeiteten Staken besonders breit ist, so fügen Sie hier die neue Stake ein; ansonsten wird zu diesem Zweck ein Abstand etwas verbreitert. Mit dem

Die Fitze

Die Fitze wird mit zwei Fäden geflochten, Sie müssen also noch einen neuen Faden dazunehmen. Einer der Fäden wird unter, der andere über der Stake angesetzt. Bei der nächsten Stake bringen Sie den Faden, der unten lag, nach oben und denjenigen von oben an die Unterseite. Bei jeder Stake wechseln die Fäden die Position und kreuzen sich jeweils in den Zwischenräumen, siehe Skizze Seite 11.

Seitenwand

Wandgeflecht

Nach Abschluss des Bodens (Fitze) und zur Ausarbeitung der Seitenwand muss die Fadenspannung erhöht werden. Bei Körben mit gewölbter Seitenwand wird die Fadenspannung einfach mit jeder Runde etwas gesteigert – so lange, bis die gewünschte Form erreicht ist und die Staken ausreichend gebogen sind. Soll der Korb dagegen eine im Winkel zum Boden stehende Wand erhalten, müssen die Staken unmittelbar nach der Fitze mit einer kleinen Kerbe an der Innenseite versehen und gut eingeweicht werden. Wird nämlich der Faden ohne Vorbehandlung der Stake zu stark angezogen, bricht diese durch. In der Kurve oder im Knick ist dieses Missgeschick schwer zu reparieren. Das Hochbiegen der Staken führen Sie dann am besten in mehreren Etappen und sehr vorsichtig durch; zwischendurch die Staken immer wieder einweichen.

Nun wird der Faden wieder wechselweise über bzw. unter der Stake entlanggeführt. Dabei entsteht durch die ungerade Stakenzahl das typische Korbgeflecht, das an ein Webmuster erinnert.

Kimme (Vorbereitung Korbabschluss)

Hat die Korbwand die gewünschte Form und Höhe, wird die so genannte Kimme gearbeitet. Die Kimme ist die Vorbereitung für den Korbabschluss.

Dazu benötigt man drei Fäden, Sie nehmen also zwei neue hinzu. Legen Sie die Fäden an drei aufeinander folgenden Staken jeweils hinter der Stake an und lassen Sie den Fadenbeginn etwas überstehen. Nun werden die drei Fäden – jeweils um eine Stake versetzt – im gleichen Rhythmus geflochten. Das heißt, zunächst legen Sie die Fäden von hinten nach vorn, überflechten die folgenden zwei Staken vorn, die darauf folgende Stake hinten und führen die Fäden dann wieder nach vorn. Wichtig dabei ist, dass die drei Fäden immer gleichzeitig, d. h. alle drei Fäden innen, dann alle drei Fäden außen usw. geflochten werden.

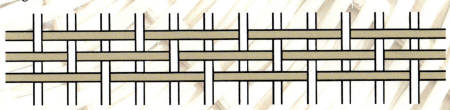

Die Kimme

Der Rhythmus für die Kimme lautet: 1 hinter, 2 vor, 1 hinter – mit drei Fäden gleichzeitig, wobei jeder Faden um je eine Stake versetzt ist.

Ist die Runde fertig gestellt, werden die Fäden nach innen gelegt und abgeschnitten. Für diesen Abschluss vor dem eigentlichen Rand sollten Sie aber mindestens zwei Runden flechten.

Korbabschluss

Variante 1 – Bogenrand
Zunächst schneiden Sie die überstehenden Staken auf gleiche Länge zu und weichen sie ein. Mit dem Messer wer-

den sie dann so angespitzt, dass sie gut in das Geflecht einzuschieben sind. Als Hilfsmittel zum Auseinanderdrücken des Geflechts können Sie einen Schraubendreher verwenden.

Fassen Sie nun die erste Stake und stecken Sie diese hinter der übernächsten in das Fadengeflecht. Anschließend werden auch die übrigen Staken eine nach der anderen in gleicher Weise gebogen und eingesteckt.

● Tipp ●

Je weiter Sie die Staken in das Korbgeflecht einschieben, desto fester sitzen sie später.

Der Bogenrand

Variante 2 – Kleiner fester Rand

Für diesen Abschluss werden die Staken nicht in das Geflecht eingesteckt, sondern selbst verflochten. Zu diesem Zweck müssen sie unbedingt gut eingeweicht werden.

Insbesondere für kleinere Flechtwerke mit kurzem Abstand zwischen den Staken oder zum Fixieren des Geflechts an der Unterseite eines Holzboden-korbes wird ein kleiner fester Rand gearbeitet.

Geflochten werden die Staken jeweils einmal vor und einmal hinter die folgenden, benachbarten Staken.

Variante 3 – Fester Rand

Der feste Rand ist haltbarer als der Bogenrand. Für größere Körbe, bei denen durch weiteren Stakenabstand mehr Spannung besteht, ist er besser geeignet. Für den festen Rand wird nach folgendem Rhythmus gearbeitet: Die Staken jeweils einmal hinter, einmal vor und noch einmal hinter den folgenden benachbarten Staken entlang führen. Sie dürfen die Staken jedoch noch nicht endgültig festziehen, denn die letzten in der Runde müssen zum Schluss noch in das Geflecht eingearbeitet werden.

Weichen Sie zum Schluss den Rand des Korbes noch einmal ein. Jetzt können die überstehenden Stakenenden festgezogen und eingekürzt werden.

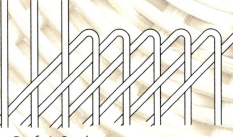

Der feste Rand

Körbe mit Holzboden

Boden

Eine einfachere Technik ist der Holz-
bodenkorb. Er ist nicht an die runde
Form gebunden. Als Material für den
Boden eignet sich Sperrholz besonders gut.

Nach dem Zusägen der Grundform
bohrt man eine ungerade Anzahl von
Löchern in gleichmäßigen Abständen
am Rand des Bodens entlang, etwa

0,5 cm vom Rand entfernt. Den Durchmesser des Bohrers wählen Sie etwas
größer als die Stärke der Stake.

Befestigung der Staken

Die Staken können auf verschiedene
Weise befestigt werden. Eine Möglich-
keit besteht darin, sie einzeln durch den
Boden zu stecken und nach unten überstehen zu lassen. Diese Enden werden
dann mit einem kleinen festen Rand
(siehe Seite 16 oben) an der Unterseite
verflochten.

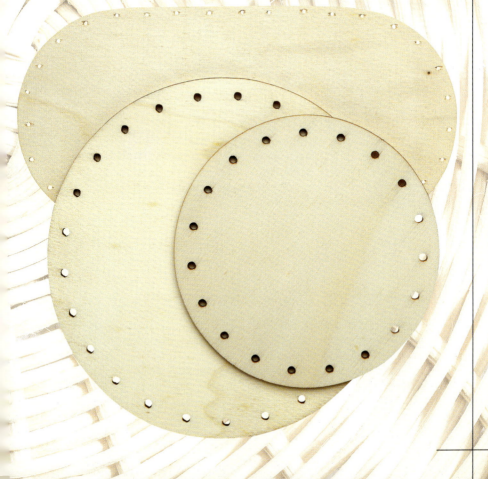

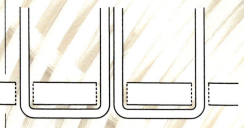

jeweils ein Ende zweier zum U gebogener Staken durch dasselbe Loch, das vorher mit dem Bohrer oder Messer etwas verbreitert worden ist. Die beiden gemeinsam liegenden Staken werden nun zunächst wie eine Stake verarbeitet; nach einigen Flechtrunden kürzt man eine der beiden Staken.

Die andere Methode ist, die U-förmig gebogene Staken durch den Boden zu stecken. Dazu müssen die Staken gut eingeweicht werden, damit sie beim Abwinkeln nicht brechen. Um auch hier eine ungerade Stakenanzahl zu erzielen, müssen Sie einen kleinen Trick anwenden: An einer Stelle ziehen Sie

Flechten

Seitenwand, Kimme und Rand des Holzbodenkorbes werden dann, wie ab Seite 11 (Ausflechten der Staken ohne Fitze), Seite 13 (Wandgeflecht) und Seite 15 bzw. 16 (Abschluss) beschrieben, gefertigt.

Fadenanfang und Fadenende

Ist ein Faden zu Ende verarbeitet, lässt man ihn einige Zentimeter nach innen überstehen. An der letzten Stake, die regulär geflochten ist, setzen Sie den neuen Faden an und lassen auch hier das Ende einige Zentimeter nach innen überstehen. Ist der Korb fertiggestellt, werden die überstehenden Enden gekürzt.

Reparatur abgebrochener Staken

Keine Panik: Wenn eine Stake während des Ausflechtens abbricht, ist das nicht so schlimm. Schneiden Sie eine neue Stake auf die Länge des abgebrochenen Stückes, plus Zugabe einiger Zentimeter für die Überlappung, zu. Sie wird angespitzt und neben dem verbliebenen Stück eingeschoben. Um das zu erleichtern, drücken Sie mit dem Schraubendreher das Geflecht ein wenig auseinander. Der Korb kann nun wie vorher weiter bearbeitet werden.

Topf-Untersetzer

Ein praktisches Rundgeflecht, mit dem Töpfe und Pfannen auch einmal direkt auf den Tisch gesetzt werden können. Aber auch für Blumen-Übertöpfe oder andere Gerätschaften steht Ihnen mit dem Untersetzer ein sicherer Schutz zur Verfügung.

Das wird gebraucht

Material
2 x 4 Staken, je 50 cm lang
1 Stake, ca. 25 cm lang
Faden
Werkzeug und Hilfsmittel
siehe Seite 4/5

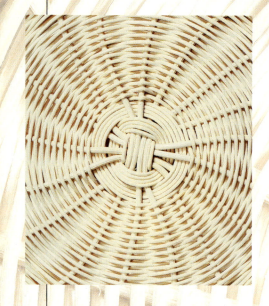

Osterkörbchen

*Kleine Körbchen wie dieses sind nicht
nur an Ostern gefragt. Ist das Nest einmal leer, können hier unterschiedlichste
Kleinmaterialien verstaut werden:
von Knöpfen über Spielzeug bis hin zu
Nadel und Faden oder Wollresten.*

Das wird gebraucht

Material
2 x 4 Staken, je 60 cm lang
1 Stake, ca. 30 cm lang
Faden
Werkzeug und Hilfsmittel
siehe Seite 4/5

So wird's gemacht

Die Staken zu einem Kreuz zusammenfügen; anschließend wird der innere
Kern geflochten. Vor dem einzelnen,
wechselweisen Ausflechten der Staken
schieben Sie die halbe Stake ein und
arbeiten dann 32 Runden. Zwei Runden
Kimme beenden das Geflecht, den Abschluss bildet ein fester Rand.

Detaillierte Flechtanleitung siehe
»Grundtechnik«, Seite 6 bis 16.

● Tipp ●

Wenn Sie das Peddigrohr-Geflecht
nicht weiter behandeln, sondern natur belassen, ist der Untersetzer hitze-
beständig.

So wird's gemacht

Für den Beginn der Flechtarbeit werden
zunächst wieder die beiden Stakenbündel in der Mitte zu einem Kreuz zusam-
mengefügt, dann arbeiten Sie mit dem
Faden den inneren Kern. Vor dem einzelnen, wechselweisen Ausflechten
die halbe Stake einschieben und über
dieses Grundgerüst 14 Runden arbeiten.
Die Fitze beendet den Boden.

Für die daran anschließende Seitenwand wird die Fadenspannung erhöht,
bis die gewünschte Wölbung erreicht
ist. Insgesamt legen Sie für die Wand
des Körbchens, die gleichfalls in wechselweiser Flechtart ausgeführt wird,
36 Runden an. Den Abschluss vor dem
festen Rand bilden zwei Runden Kimme.

Detaillierte Flechtanleitung siehe
»Grundtechnik«, Seite 6 bis 16.

Tischschale mit Fuß

Zunehmende Übung beim Flechten lässt auch den Wunsch nach neuen, interessanten Formen entstehen. Mit einem einfachen Trick wird hier an die Grundform des Korbes das Gerüst für den Fuß der Schale »angehängt«.

gebogen von innen nach außen über die Staken der Schale gelegt. Am besten binden Sie diese Fußstaken mit Band oder Draht zusammen, damit sie beim weiteren Ausflechten der Schale nicht hinderlich sind.

Das wird gebraucht

Material

2 x 4 Staken, je 90 cm lang, Stärke 4 (Schale)

1 Stake, etwa 45 cm lang (Schale)

9 Staken, je 60 cm lang, Stärke 4 (Fuß)

Faden, Stärke 3

Werkzeug und Hilfsmittel

siehe Seite 4/5

Draht oder Band

So wird's gemacht

Beginn Schale

Für die Schale fügen Sie zuerst die beiden Stakenbündel zu einem Kreuz zusammen und flechten dann den inneren Kern des Bodens. Vor dem wechselweisen Ausflechten der einzelnen Staken wird eine halbe Stake eingeschoben. Anschließend 15 Runden flechten.

Ansetzen des Fußgerüsts

Jetzt werden die gut eingeweichten Staken für den Fuß der Schale U-förmig

Fortsetzung Schale

Arbeiten Sie nun weitere sechs Runden in wechselweiser Flechtart an der Schale. Es folgt die Fitze als Übergang vom Boden zur Seitenwand. Diese wird mit 30 Runden in gleicher Flechtart gearbei-

tet. Erhöhen Sie dabei die Fadenspannung, damit sich die Wand der Schale leicht wölbt. Den Abschluss bilden drei Runden Kimme vor dem Bogenrand.

Fuß

Damit auch der Fuß in wechselweiser Flechtart gearbeitet werden kann, ist eine ungerade Stakenzahl erforderlich. Dazu müssen an einer Stelle zwei nebeneinander liegende Staken wie eine Stake verarbeitet werden. Flechten Sie in wechselweisem Rhythmus 36 Runden aus und achten Sie auch hier auf die Fadenspannung, damit der Fuß nach unten hin etwas breiter wird. Den Abschluss bildet – ohne vorherige Kimme – ein fester Rand.

Detaillierte Flechtanleitung siehe »Grundtechnik«, Seite 6 bis 16.

Deko-Scheibe für Trockenblumen

Die zarte, an sich schon dekorativ wirkende Scheibe eignet sich aufgrund der zahlreichen Durchbrüche und Zwischenräume hervorragend zum Bestecken. Trockenblumen sorgen für einen dauerhaften Schmuck, mit frischen Materialien aus der Natur lässt sich das Arrangement jahreszeitlich variieren.

Das wird gebraucht

Material
2 x 4 Staken, je 60 cm lang
1 Stake, ca. 30 cm lang
Faden
Werkzeug und Hilfsmittel
siehe Seite 4/5

So wird's gemacht

Der Anfang besteht wieder aus 2 x 4 Staken, die Sie zu einem gleicharmigen Kreuz zusammenfügen. Arbeiten Sie dann den inneren Kern des Bodens. Die halbe Stake vor dem einzelnen Ausflechten der Staken einschieben. In wechselweiser Flechtart werden nun 20 Runden ausgeflochten.

Das durchbrochene Muster entsteht, indem Sie nach Fertigstellung der

20 Runden den Faden abschneiden. Nehmen Sie einen Finger breit Abstand und setzen Sie den Faden nach diesem Zwischenraum wieder an. Jetzt werden noch weitere 18 Runden geflochten.

Vor dem Abschluss arbeiten Sie zwei Runden Kimme; beendet wird die Deko-Scheibe mit einem Bogenrand, wobei die Staken bis in die innere Kreisfläche hineingesteckt werden müssen.

Detaillierte Flechtanleitung siehe »Grundtechnik«, Seite 6 bis 15.

Allround-Holzbodenkorb

Mit einem stabilen Holzboden wird Ihr Korb zur Stellfläche hin feuchtigkeits-undurchlässig. Besonders für die Gartenarbeit, aber auch für viele andere Zwecke im Haus – z. B. als Schirmständer – bietet sich diese Gestaltung an.

genden acht bis zehn Flechtrunden wie eine einzelne Stake ausflechten. Danach wird eine der beiden Staken wieder gekürzt.

Arbeiten Sie den Korb in wechselweiser Flechtart unter Beachtung der Fadenspannung so weit aus, bis die gewünschte Höhe (bei dem abgebildeten Korb 56 Runden) erreicht ist. Als Vorbereitung für den Abschluss mit einem dekorativen Bogenrand sollten anschließend mindestens zwei Runden Kimme geflochten werden.

Detaillierte Flechtanleitung siehe »Grundtechnik«, Seite 6 ff.

Das wird gebraucht

Material
Sperrholzboden, Ø 12 cm, selbst zugesägt
  oder fertig gekauft (Bastelgeschäft)
10 Staken, je etwa 85 cm lang
Faden
Werkzeug und Hilfsmittel
siehe Seite 4/5

So wird's gemacht

Falls Sie den Holzboden selbst zusägen, muss dieser entlang des Randes noch mit 19 Bohrungen versehen werden. Die zuvor gut eingeweichten Staken U-förmig biegen und von unten durch den Holzboden schieben. Bei einem Bohrloch müssen zwei Stakenenden – jeweils eines von nebeneinander liegenden U's – eingeschoben werden, damit eine ungerade Stakenanzahl entsteht. Diese doppelte Stake in den fol-

● Tipp ●

In dieser Technik lassen sich auch unkompliziert z. B. ovale, eckige oder anderweitig unregelmäßige Formen arbeiten.
Experimentieren Sie ganz nach Ihrem Geschmack und dem späteren Verwendungszweck.

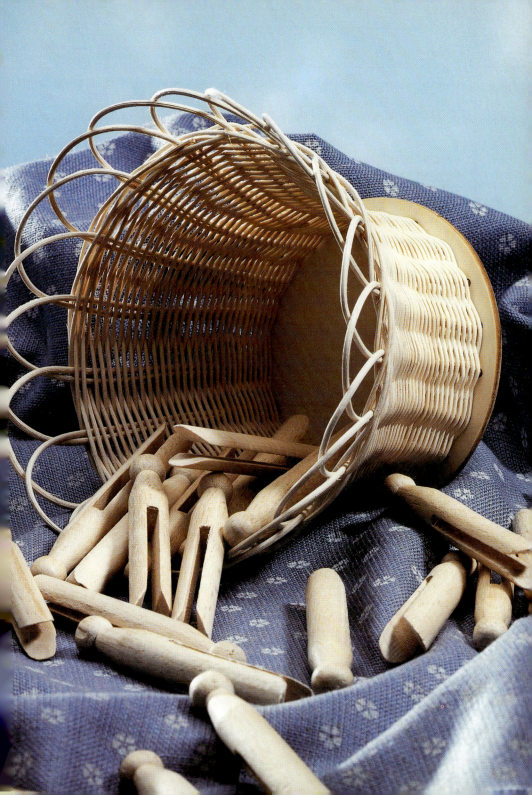

Durchbrochener Korb

Ländlich-rustikal und doch apart wirkt dieses Korbmuster, das allerdings nur dann zum Einsatz kommen sollte, wenn der Inhalt, der für diesen Korb geplant ist, nicht allzu schwer ins Gewicht fällt.

Das wird gebraucht

Material
2 x 4 Staken, je 90 cm lang
1 Stake, etwa 45 cm lang
Faden
Werkzeug und Hilfsmittel
siehe Seite 4/5

So wird's gemacht

Bilden Sie das gleicharmige Ausgangskreuz für die Flechtarbeit aus den beiden Stakenbündeln und arbeiten Sie mit dem Faden den inneren Kern. Vor dem wechselweisen Ausflechten der einzelnen Staken eine halbe Stake einschieben. Der Boden wird mit 30 Runden vor der Fitze gearbeitet.

Für die Wand legen Sie jetzt in wechselweisem Ausflechten 20 Runden an, schneiden den Faden ab und lassen dann einen etwa fingerbreiten Zwischenraum. Mit neuem Faden werden nun zehn Runden geflochten, bevor sich der zweite, gleich breite Zwischenraum anschließt.

Vor der Kimme flechten Sie noch einmal wechselweise 20 Runden aus. Den Abschluss bildet ein Bogenrand.

Detaillierte Flechtanleitung siehe »Grundtechnik«, Seite 6 bis 15.

Detaillierte Flechtanleitung siehe »Grundtechnik«, Seite 6 bis 15.

● Tipp ●

Bei durchbrochenem Flechtwerk wirkt es besonders hübsch, wenn Sie den Korb mit einem Tuch auskleiden. Nach Wunsch können Sie es auch mit Nadel und Faden an ein paar Stellen des Geflechts befestigen.

Flechtdose mit Deckel

Selbstverständlich lässt sich ein Korb mit festem Rand auch schließen: mit einem passend geflochtenen Deckel. In diesem Fall ist es am zweckmäßigsten, wenn die Seitenwand gerade gearbeitet wird.

Das wird gebraucht

Material
2 x 4 Staken, je 60 cm lang (Dose)
1 Stake, etwa 30 cm lang (Dose)
2 x 4 Staken, etwa 45 cm lang (Deckel)
1 Stake, etwa 25 cm lang (Deckel)
Faden
Werkzeug und Hilfsmittel
siehe Seite 4/5

So wird's gemacht

Dose

Für die Dose die 2 x 4 Staken von 60 cm Länge in der Mitte zum gleicharmigen Kreuz zusammenfügen und den inneren Kern arbeiten. Vor dem Ausflechten der einzelnen Staken wird die halbe Stake eingeschoben. Dann führen Sie in wechselweiser Flechtart den Boden aus, den eine Fitze abschließt.

Für die Dose wird eine annähernd senkrechte Seitenwand gearbeitet. Damit die Staken für diesen Zweck rechtwinklig geformt werden können, müssen Sie diese an der Innenseite mit einer kleinen Kerbe versehen, gut einweichen und anschließend vorsichtig nach oben biegen. Dann wird unter gleichmäßiger Spannung und mit wechselweiser Fadenführung die Wand ausgeflochten. Zwei Runden Kimme arbeiten; den Abschluss bildet ein fester Rand.

Deckel

Der Deckel wird in gleicher Weise gefertigt; allerdings muss der Durchmesser des Bodens etwas größer sein, damit der Deckel über die Dose gestülpt werden kann. Deshalb werden hier bis zur Fitze in wechselweiser Flechtart drei bis vier Runden mehr ausgeflochten. Probieren Sie die Passform an der Dose aus!

Auch für die Deckelwand kerben und weichen Sie die Staken ein; die eingeweichten Staken können dann vorsichtig rechtwinklig nach oben gebogen werden. Etwa acht Runden als Wand flechten, den Abschluss bilden wieder zwei Runden Kimme mit einem festen Rand.

● Tipp ●

Diese Dose eignet sich sehr gut, um duftende getrocknete Blütenblätter aufzubewahren.
Ein besonderer Effekt entsteht, wenn dann der Deckel mit Durchbruchmuster gearbeitet wird.

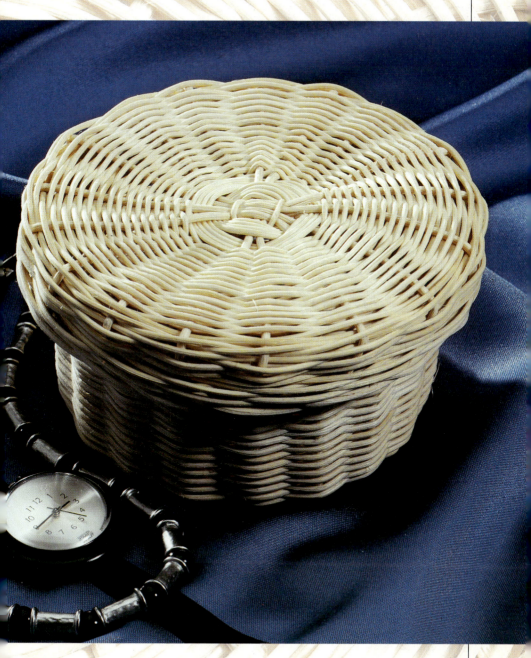

kreative freizeit & wohnen

Basteln & Dekorieren
Handwerken & Künstlerisches Gestalten
Malen & Zeichnen
Handarbeiten
Einrichten & Wohnen

kochen & genießen

Food 'n' Fun
Internationale Küche
Backfreuden & Desserts
Modern Cooking
Lebensart

garten & heimtier

Gartenpraxis im Wandel der Jahreszeiten
Gartengestaltung
Zimmerpflanzen
Aufzucht & Pflege von Heimtieren

fotografie

Grundkurse, Lehrbücher & Workshops für Einsteiger, Fortgeschrittene und Profis
Studio, Labor & Präsentation
Meisterfotografen
Natur, Reise & Porträt
Schwarzweiß

AUGUSTUS
Ideen muss man haben

Die Deutsche Bibliothek – CIP-Einheitsaufnahme

Ein Titeldatensatz für diese Publikation ist bei Der Deutschen Bibliothek erhältlich.

Fotografie: Klaus Lipa, Diedorf bei Augsburg
Illustrationen: Brigitte Meyer
Lektorat: Eva-Maria Müller, Augsburg
Umschlaglayout: Angelika Tröger
Layout: Anton Walter, Gundelfingen

AUGUSTUS VERLAG, München 2001
© Weltbild Ratgeber Verlage GmbH & Co. KG.

Satz: Gesetzt aus 9,5 Punkt The Sans von DTP-Design Walter, Gundelfingen
Reproduktion: GAV Prepress, Gerstetten
Druck und Bindung: Offizin Andersen Nexö, Leipzig

Gedruckt auf 135 g umweltfreundlich chlorfrei gebleichtes Papier.

ISBN 3-8043-0813-9

Printed in Germany